ブックレット《アジアを学ぼう》49

上田真啓

ジャイナ教とは何か

菜食・托鉢・断食の生命観

風響社

ジャイナ教とは何か――菜食・托鉢・断食の生命観

上田真啓

はじめに

インドを訪れたことのない人たちには意外に思われるかもしれないが、インドの都市部を歩くと、大手のハンバーガーチェーン店やピザの店といったファストフードの店舗を頻繁に目にする。昨今では特に、都市部の郊外に競って建設されている巨大なショッピングモールのフードコートに、有名ファストフードの店舗が軒を争っている。そして、それらを求め列を作って並んでいる人たち。客層は若者が中心だが家族連れもいる。日本のショッピングモールでも見られるような、ごくありふれた光景がそこには広がっている（写真1）。

私が初めてインドを訪れたのは二〇〇八年であったが、その時にはすでにこのような光景が一般化しつつあったように思う。私がインドに留学したのはそれから四年が経過した二〇一二年のことであった。それ以降、先輩研究者、つまり私の知らない時代のインドを知る先輩方とインドの都市部のそれら店舗を訪れることが何度となくあった。彼等は皆、一昔前では到底考えられない光景だと目を見張っていた。そういったことを考えると、インドに住む人々の食生活はここ十数年でかなり多様化したといえるだろう。

写真１　インドのショッピングモール（グジャラート州アーメダバード）

しかし、急速な経済発展とグローバリズムの伸展のもと様々なスタイルの食が消費されるようになったインドにあって、今もなお独特のスタイルの食生活を古くから守り続けている人たちも当然一定数は存在する。その中でも、ジャイナ教という教えに従う人々、すなわちジャイナ教徒は、菜食主義を非常に厳格な形で守っていることでよく知られている。今回ここで紹介するのは、このジャイナ教徒と、その食生活である。

彼らの菜食主義は、ただ単に「肉を食べない」ということではなく、ジャイナ教特有の生命観・世界観を背景としている。まずは、「ジャイナ教」という宗教の紹介を導入としながら、彼らの食の背景にある生命観、そして食生活を見ていくこととしたい。

一　ジャイナ教とは何か

1　現在における分布

インドを独立と建国へと導いた、かのマハートマ・ガンディーの人生において大きな影響を与えたジャイナ教徒は少なくとも二人いる［藤永　二〇一四：三―五］。

一人目は、彼がイギリスに留学する直前である。彼自身は留学を望んでいた一方で、母親は異国の悪い習慣に息子が染まってしまうのではないかと懸念して、なかなか留学の許可を与えようとはしなかった。その時、彼に、酒

表1　主要各州のジャイナ教徒の人口（概算：人）

地名	人口
マハーラーシュトラ州	1,400,349
ラジャスターン州	622,023
グジャラート州	579,654
マディヤ・プラデーシュ州	567,028
カルナータカ州	440,280

と女性と肉に触れないという誓いを立てさせることで、母親を納得させ、彼の留学を後押ししたのが、ベチャルジーというジャイナ教徒であったといわれている。

二人目は、イギリスから帰国した後に出会った、ラーイチャンドというジャイナ教徒である。彼との交流により多大な影響を受け、ガンディーは自らの思想を形成していったとされている。

ガンディーとジャイナ教、この両者が出会ったのは偶然の産物ではなかった。ガンディー自身はヒンドゥー教の家庭に生まれ育ったので、ジャイナ教徒というわけではない。しかし、彼の出身地であるポールバンダルという町は、現在のインド西部のグジャラート州に属し（地図1）、この州はインドの中でもっとも多くのジャイナ教徒が分布している地域の一つである。そのため、ガンディーは生まれた頃よりジャイナ教徒と触れ合う機会が多く、彼の生家にはジャイナ教のお坊さんが出入りすることもあったといわれている。

後述するように、ジャイナ教が興起した場所はインドの東部地方であるとされている。しかし、現在ではグジャラート州やラジャスターン州といった西部インド、そしてマハーラーシュトラ州やカルナータカ州などの南部に多く分布している（表1）。

2　少ない人口・高い識字率

日本に住んでいる限りは、ジャイナ教という宗教に触れる機会はそうあるものではないが、インド、とくに、先に触れたグジャラート州を訪れる日本人は、ジャイナ教徒と知り合う機会が多いようである。同州へ二〇一二年から二年間の留学中に、同州を訪れる日本のビジネスマンの方々と接する機会に恵まれた。自己紹介の折にこちらが「ジャイナ教の研究をしています」

インド共和国

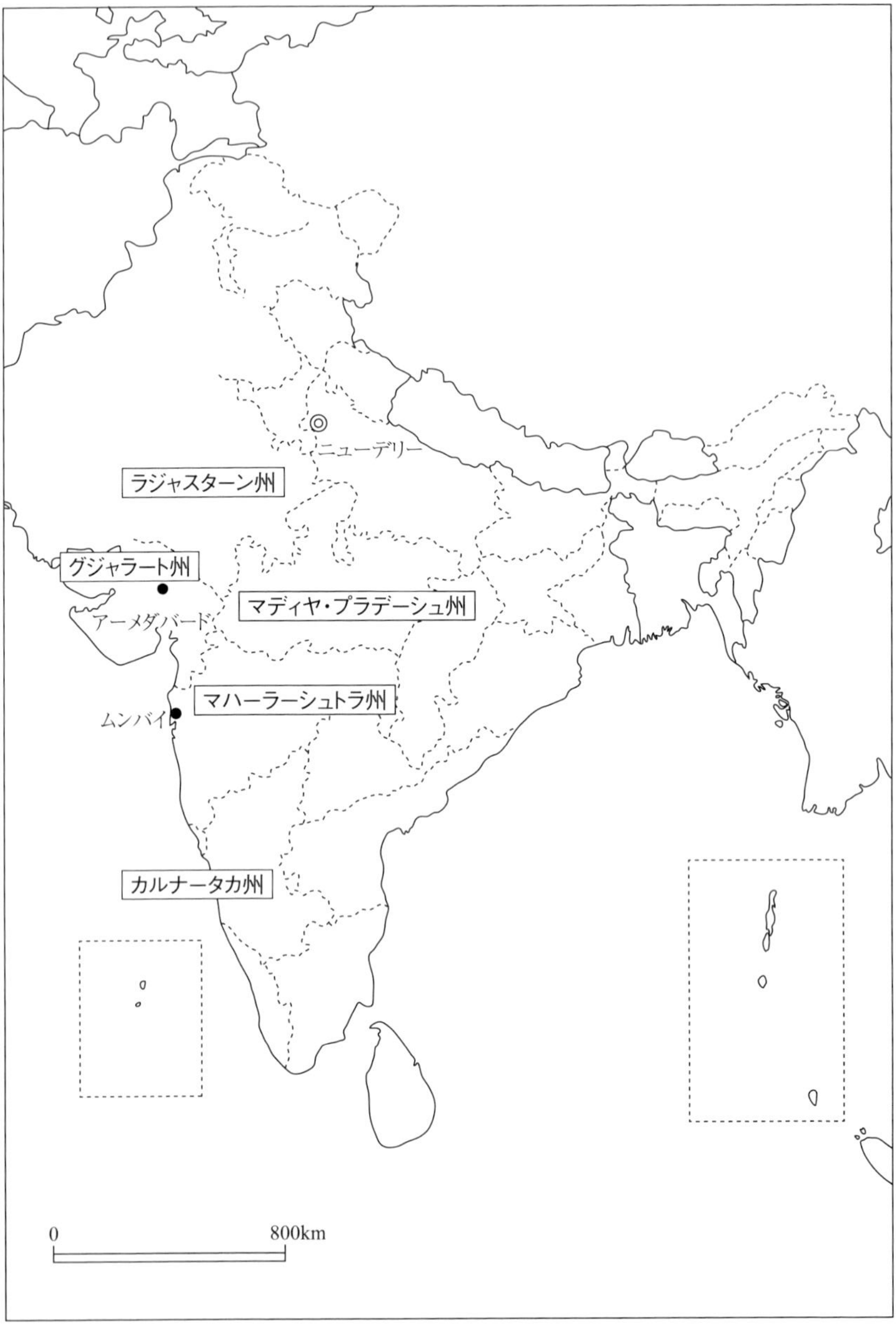
ニューデリー
ラジャスターン州
グジャラート州
アーメダバード
マディヤ・プラデーシュ州
マハーラーシュトラ州
ムンバイ
カルナータカ州
0
800km

表2　インドにおける宗教別人口比率

宗教	人口比率（パーセント）
ヒンドゥー教	79.8
イスラム教	14.23
キリスト教	2.3
シク教	1.72
仏教	0.7
ジャイナ教	0.37
ゾロアスター教	n/a
その他	0.9

（2011年の国勢調査による）

というと、必ずといっていいほど「ジャイナ教徒の人を知っている」、あるいは「ジャイナ教徒の人と仕事をしたことがある」という返事がかえってきた。

ジャイナ教の人口は、インドの全人口に比べて非常に少数であり（〇・四％）インドの総人口が一二億人としてもわずか四五〇万人ほどである（表2）。これだけの少数派でありながら、グジャラート州を訪れる数少ない日本人は必ずといっていいほど一人はジャイナ教徒を知っているという。この理由の一つは、先ほども触れたとおり、グジャラート州自体が抱えるジャイナ教徒の数の多さである。しかしそれだけではなく、ジャイナ教徒のうちのかなりの割合がビジネスや学問の世界で活躍しているからと考えることもできるだろう。事実、ジャイナ教徒、とくに女性の識字率や学歴は、インドの中ではとくに抜きん出ているといわれている。[1] それがジャイナ教という宗教の特徴に起因する事柄だとすれば、ジャイナ教とはいったいどんな宗教だろうか。

3　ジャイナ教とは何か

「ジャイナ教とは何か」この問いにひと言で答えるとするならば、「ジャイナ教とは、ジナの教えである」ということができるし、また、「ジャイナ教徒とはジナの教えに従って生きる人々のことである」ということができる。[2]

しかしながら、ジナの生涯やその教えの内容は、時代によっても、地域によっても、あるいは後に述べるような二大宗派や、その分派ごとによっても様々であることが多く、そのために、ジャイナ教に関する様々な事柄について、「ジャイナ教では……」と一括りにして語ることが難しいのが現状である。

ここでは、まずはじめに、インドの宗教におけるジャイナ教の立場（主にヒンドゥー教徒との関係において）を確認した上で、ジャイナ教のもっとも基本的な要素である、ジナの生涯と彼の教え、そしてそれを伝える媒体としての経典、さらにはジナの没後に生じた二大宗派について、一般的に認められている事柄を簡潔に紹介していくこととしたい。

4 ジャイナ教は「ヒンドゥー」か

ジャイナ教は「ヒンドゥー」か。この問いは、筆者が留学中に出会った日本の人たちからもっとも頻繁に耳にした問いの一つである。一見混沌としたインドの諸宗教におけるジャイナ教の立ち位置、つまりジャイナ教という集団の輪郭をはっきりさせるためには、まずはこの問いから始めることにしたい。

この問いに答えることは、そう簡単ではない。なぜなら、「ヒンドゥー」という語は非常に多義的で、宗教を指すこともあれば、民族や、あるいはもっと多くの要素を包括する「文化（圏）」を指すこともあるからである。「ヒンドゥー」という語が、もっとも広い意味での「文化（圏）」、さらに平易な表現にいいかえて、おそらく大半の読者のイメージするような「インド風のもの・インド的なもの」を意味するのであれば、この問いに対する答えは「イエス」である。ジャイナ教は、二五〇〇年以上にもわたる長い歴史の中で、常にその時代や地域の文化と深く関わってきた。「ヒンドゥー」＝「インド風のもの」といいかえるならば、ジャイナ教徒の大部分は、一見したところは一般的な「インド風の」衣服に身を包み、「インド風の」住居に住みながら、「インド風の」食べ物を食べているようである（実はそうではないことは後々明らかにする）。このような意味では、ジャイナ教は間違いなく、大きな括りとしてのヒンドゥー文化圏の一画を形成しているということができるであろう。事実、歴史的にも、ジャイナ教は南アジアの文化に大きく影響を受け、また同時に大きな影響を与え続けてきた。

しかし、「ヒンドゥー」という語が宗教を指すのであれば、この問いに対する答えは「ノー」である。ジャイナ教はヒンドゥー教の一派ではなく、それとは異なった体系を有する宗教なのである。

5　ジャイナ教に神様はいるのか

これもまた先の問いと同じくらい頻繁に、そして真っ先に聞かれる問いであり、ある意味でジャイナ教という宗教の核心を突く質問でもある。このように問いかける人たちの意図が、「ジャイナ教にも（ヒンドゥー教の神々のような）神がいるのかどうか」というものであるならば、この問いは以下のような問いに言い換えることが可能だろう。「ジャイナ教徒はいったい何（あるいは誰）を信仰しているのか」と。

先項において宗教としてのヒンドゥー教と、ジャイナ教は異なるものであると述べたが、これは、ジャイナ教を信奉する人々は、ヒンドゥー教における神々（代表的なものではシヴァやヴィシュヌなど）を崇拝することはなく、ヒンドゥー教的な、バラモンを頂点とした宗教的序列に与《くみ》しないという意味において両者は異なる、という意味である。たしかに、ジャイナ教の説話や伝記には、ヒンドゥー教にも一般的なインドラなどの神々がしばしば登場する。しかし、彼らは信仰の対象の主役となることはない。

ジャイナ教徒は、先ほども述べたように、「ジナ（別名マハーヴィーラ）と彼の教え」を信仰している。しかし、これがいったいヒンドゥー教とどう違うのか、あるいはどのくらい違うのか。ヒンドゥー教とジャイナ教との間では、単に信仰の対象が違うというだけでは、両者がはっきりと区別されている理由にはならなさそうである。なぜなら、シヴァを信仰するシヴァ派と、ヴィシュヌを信仰するヴィシュヌ派は、信仰の対象が違っていても、それらは「ヒンドゥー教」というカテゴリーによってひとくくりにされているからである。これと同じ理屈に従えば、ジャイナ教も独自の信仰の対象をもっているとはいえ、ヒンドゥー教の一派に数えられてもおかしくはない。しかし、実際にはそうでないということは、それらと、ジャイナ教とが別であるもっと大きな理由があるはずである。

実はそこには、ヴェーダ聖典の存在が関係している。ヴェーダ聖典とは、紀元前一五〇〇年頃からインド亜大陸に進出してきたと考えられるアーリヤ人の伝える聖典で、現在ヒンドゥー教とひとくくりにされている集団は、このヴェーダ聖典の権威と、それにもとづくバラモン（司祭階級）を頂点とする宗教的な序列によって構成される集団なのである。これに対して、ジャイナ教は初期の時代から、ヴェーダ聖典の権威を否定することを大きな特徴としている。これが、ヒンドゥー教とジャイナ教との最も大きな違いの一つと言うことが出来るであろう。

しかしながら、ヴェーダ聖典の権威を否定したのはジャイナ教だけではなかった。以下では、ジャイナ教の外枠、つまり、ジャイナ教のインドにおける位置付けをもう少し明らかにしておくために、「ジャイナ教は、インドにおいて誕生したもう一つの宗教、仏教と似ている」という点に注目したい。

6　仏教との共通点――沙門の文化

ジャイナ教が、仏教と似通った点を有しているというのは、ジャイナ教の大きな特徴の一つである。仏教に仏陀がいるのと同様に、ジャイナ教にもマハーヴィーラ（ジナ）という歴史上実在した指導者が存在する。そしてともに、同時期、同地域、つまり紀元前六～五世紀頃の、東インド（現在のビハール州付近）で活躍したとされている。そして両者はともに、当時主流であったヴェーダ聖典の権威と、それを背景とするバラモン（司祭）・クシャトリヤ（王侯・戦士）・ヴァイシャ（庶民）・シュードラ（隷民）の四つの階級からなる序列を認めずに独自の思想を展開し、大きな教団を形成するにいたった。このような共通点を両者が持っているのは、両者が共通の基盤、つまり、反バラモン主義的な思想的背景を共有していたからであると考えられている。その共通基盤とは、「シュラマナ（沙門《しゃもん》）」と呼ばれる生き方である。

仏教とジャイナ教が伝える経典ではひとしく、理想とするべき修行者像が描かれているが、これらの描写を詳しく比較することによって、両者の最初期の共通基盤であった「沙門」という生き方を明らかにしようと試みた研究がある［山崎　一九九三：一八六］。この研究によると、沙門とは、生まれによる身分を否定し、ぼろ（糞掃衣《ふんぞうえ》）を身にまとって遊行《ゆぎょう》し、托鉢によって生きながら、当時バラモンの行っていた祭祀を否定する者たちのことであるという。

ではなぜ沙門たちはヴェーダ聖典の権威を否定し、反バラモン的な立場をとったのか。その背景について堀田和義は以下のように述べている。

紀元前八世紀頃のインドでは、バラモンと呼ばれる司祭階級が力を振るっていた。彼らはヴェーダと呼ばれる聖典の権威を背景にして、クシャトリヤ（王侯・戦士）、ヴァイシャ（庶民）、シュードラ（隷民）と呼ばれる三つの階級を支配下に置いていた。しかし、その後、農産物の余剰生産により商工業が発達し、小都市が成立するなどといった社会の変化に伴い、旧来の価値観に縛られない「沙門」と呼ばれる自由思想家たちが現れた。彼らはヴェーダの権威を認めず、反バラモン的な思想を打ち出した。［堀田　二〇一六ａ：二〇］

つまり、社会のあり方そのものに大きな変化が生じ、それまでのヴェーダ聖典の権威にもとづく価値観にとらわれずに自由に振る舞い自由に考える余裕が生まれたということであろう。仏陀もマハーヴィーラも、このような沙門の生活を送ることによって、バラモン主義的な立場を離れたところで独自に輪廻からの解脱を目指し、最終的には解脱を達成したといわれている。ジャイナ教は、マハーヴィーラ以後インド亜大陸の中で二五〇〇年以上にもわたって連綿と続き、インド文化の一部を形成しつつも、ヒンドゥー教とは異なった祖師、マハーヴィーラを崇拝し、彼の教えに従って生活をしている人々の集団なのである。以下では、そのマハーヴィーラの生涯と、彼の教えについて簡単に紹介しておきたい。

二　マハーヴィーラ

マハーヴィーラなる人物が、歴史において実在したことは間違いないとされている。また、彼の正確な生没年に関しては統一的な見解が得られておらず、大きな問題として依然注目を集めているが、大まかな年代に関しては、前述のとおり、仏陀が活躍したのと同じ時期の紀元前六～五世紀であることはほぼ確実であるとされている。しかし、彼の生涯がどのようであったのかということについては、不明な点も多く、いくつかの異説が存在する。ここでは、マハーヴィーラの生涯について一般的に承認されている事柄を、異説を交えつつ紹介することとしたい。

1　ティールタンカラの存在

マハーヴィーラはジャイナ教の指導者であるが、厳密にはジャイナ教教団の創始者ではない。マハーヴィーラの両親は、パールシュヴァという、マハーヴィーラからさらに遡ること二五〇年ほど前に活躍した人物が率いた集団「ニガンタ宗」の信奉者であり、マハーヴィーラはこのニガンタ宗の改革者であっただろうと考えられている。ジャイナ教の伝統的な説では、パールシュヴァの前にさらに二二人のティールタンカラ（救済者）が存在していたとされている。つまり、パールシュヴァはジャイナ教の歴史における二三番目のティールタンカラであって、マハーヴィーラは二四番目にして最後のティールタンカラであるとされているのである（表3）。ティールタンカラとは、「渡し場を作るもの」という意味の尊称で、二四番目のマハーヴィーラと、二三番目のパールシュヴァ以外は、非常に長い寿命であったり、およそ人間的ではない身長であったりするので歴史上の人物であるとは考えにくい。

マハーヴィーラを含めたそれぞれのティールタンカラの生涯には、共通したエピソードが語られる。しかし、それらのエピソードが、マハーヴィーラ以前から受け継がれてきた伝説をマハーヴィーラの生涯にも当てはめたものなのか、あるいは、マハーヴィーラの生涯における史実が他のティールタンカラの生涯にも適用されたものであるのかを判別することは、今となっては不可能に近い。これが、マハーヴィーラ自身の生涯について不確実な点が多い理由の一つである。

表３　二四ティールタンカラの系譜

	名前	シンボル
1	リシャバ（アーディナータ）	雄牛
2	アジタ	象
3	サンバヴァ	馬
4	アビナンダナ	猿
5	スマティ	クラウンチャ鳥（シギの一種）
6	パドマプラバ	紅蓮
7	スパールシュヴァ	卍
8	チャンドラプラバ	三日月
9	プシュパダンタ（スヴィディ）	摩竭魚
10	シータラ	シュリーヴァトサ印
11	シュレーヤーンシャ	サイ
12	ヴァースプージュヤ	水牛
13	ヴィマラ	猪
14	アナンタ	隼
15	ダルマ	金剛杵
16	シャーンティ	鹿
17	クントゥ	山羊
18	アラ	ナンディヤーヴァルタ印
19	マッリ	水瓶
20	ムニスヴラタ	亀
21	ナミ	青蓮
22	ネーミ	巻貝
23	パールシュヴァ	コブラ
24	マハーヴィーラ	ライオン

それぞれのティールタンカラにはシンボルとなる吉祥な動物や物が割り当てられている。白衣派所伝のシンボルと空衣派のものとは若干の差異はあるが、ここでは白衣派のもののみを紹介しておく。寺院に安置されているティールタンカラ像は見た目はほぼ同じなので、台座にはそれぞれのシンボルが彫られ、それによって区別されている［Wiley 2009: 247］。

2 マハーヴィーラの生涯

マハーヴィーラとは「偉大なる勇者」の意味で、彼の持つ尊称の一つであり、生まれた時の名はヴァルダマーナといった。ちなみに、ジナも彼の尊称の一つであり、「勝者」を意味している。彼はインド東部の現在のビハール州パトナ近郊のクシャトリヤの家に生まれたとされている。母の名はトリシャラー、父の名はシッダールタであったという。一説によると、彼の両親が生きている間は世俗の生活を続けるという誓いのもと、彼はヤショーダーという名の女性を妻として娶り、プリヤダルシャナーという名の娘をもうけたといわれている。しかし、両親の没後、三〇歳の時に彼は世俗的な生活を離れ、衣服や装飾品を含む持ち物の一切を放棄して、神々に祝福されつつ出家を果たした。

出家生活において彼は厳しい苦行を実践しながら、言葉少なく、長期間断食して、悪天候に身を曝しつつ徒歩で遊行した。一二年半の苦行生活の末、彼は四二歳の時に一切智を獲得した。彼は特別な集会において説法を始め、それからインドの東部地方を遍歴しつつ伝道の生活を送ることになった。その間に、バラモンから改宗したインドラブーティ・ガウタマを始めとする一一人を弟子の筆頭とし、教団を運営する統率者としている。マハーヴィーラは、一切智の獲得から三〇年後の七二歳の時に、現在のビハール州のパーヴァープリーにてその生涯を終え、解脱者となったといわれている。ジャイナ教の伝統的な記述に従うならば、彼の入滅時には教団は一万四〇〇〇人の男性出家修行者、三万六〇〇〇人の女性出家修行者、一五万九〇〇〇人の男性在家信者、そして三一万八〇〇〇人の女性在家信者にまで成長していたことになる。

また、一説によると、マハーヴィーラの誕生の前には以下のようなことが生じたとも伝えられている。マハーヴィーラははじめ、クシャトリヤの母胎ではなく、バラモン女性の母胎に受胎したというのである。そののち、これを知った神々の王インドラは、改めてマハーヴィーラの霊魂を、同じ頃妊娠していたクシャトリヤの女性であるトリシャラーの母胎の霊魂と交換させ、マハーヴィーラがクシャトリヤの母から誕生するように仕向けたというのである。これを認めない者たちも存在するが、このエピソードには、ジャイナ教の反バラモン的な思想が反映されているとも考えられている。この母胎の霊魂の交換という出来事を認める者たちは、これに始まる五つの出来事、つまり受胎・誕生・出家・一切智の獲得・解脱を「五つのめでたい出来事」として数え上げるが、これらは、先に述べたように、マハーヴィーラだけでなく全てのティールタンカラに共通する出来事であるとされている。

3　マハーヴィーラの教え

現在伝えられている聖典の中からマハーヴィーラの生の声をありのままに取り出すことは、ジャイナ教研究の最終的な目的の一つではあるが、聖典の伝承も一様ではないため、非常な困難をともなう作業である。しかし、谷川泰教は、ジャイナ教の聖典の中に見られるマハーヴィーラの弟子ゴーヤマと、前述のパールシュヴァの宗教（ニガンタ宗）の徒であるケーシとの対話を検証することによって、マハーヴィーラ自身の教えというものを拾い出そうと試みた［谷川　一九八八：七〇―七二］。

マハーヴィーラが以下の五つの項目をもっとも基本的な実践倫理として重視したことは一般的に認められている。すなわち、

・生き物を傷つけない
・嘘をつかない
・与えられていないものを取らない
・性的禁欲を守る

・所有しない

これらは現在にあっても、ジャイナ教の根幹をなす教えであり、全てのジャイナ教徒の行動の指針となっている。また、これらのそれぞれには、「意と口と身体によって、しない、させない、するのを認めない」ということも付け加えられる。つまり、「生き物を傷つけない」ということは、「意と口と身体によって、生き物を傷つけず、他人をして生き物を傷つけさせず、また、他が生き物を傷つけるのを容認しない」という意味であり、他の項目も同様である。

しかしこれらの全てがマハーヴィーラの独創であるとはいえない、と谷川泰教〔一九八八：七三〕はいう。つまり、マハーヴィーラの時代には、すでに、パールシュヴァの教えとして以下の四つが伝えられていたとされているのである。

・殺生をやめる
・嘘をつくことをやめる
・与えられないものを取ることをやめる
・外部に与えることをやめる

マハーヴィーラの時代には、これらのうちの四番目の項目が、もはや正確には理解されにくくなっていたので、マハーヴィーラはこれを「性的禁欲を守る」「所有しない」という二つの項目に分割し、合計で五つとしたと、いわれている。これが、マハーヴィーラがジャイナ教の「創始者」ではなく、一種の「改革者」であったといわれる所以である。

また、谷川〔一九八八：七四〕によると、これらの教えに「懺悔」という儀礼を付け加えたところにもマハーヴィーラの独自性が見られるとしている。

4　ジャイナ教の聖典

マハーヴィーラの教えは、聖典つまりお経という形で現代に至るまで伝承されてきているとされている。ジャイナ教の聖典はひとつの著作ではなく、いくつもの文献によって構成されている。それらの中には、マハーヴィーラの弟子であるスダルマンが、自らの後継者であるジャンブーに「尊者（＝マハーヴィーラ）は、このようにお説きになりました」といって伝える、伝聞の体裁をとるものが多い。つまり、マハーヴィーラその人の言葉がそのまま記されているわけではないのである。そして、スダルマンからジャンブーに伝えられたものだけが聖典として認められ、変わらぬ形で二五〇〇年も伝えられてきたわけでもない。マハーヴィーラの教えが現在伝えられている聖典の形をとるまでには、少なくとも三度の編纂（結集《けつじゅう》）を経験したといわれている。

最初の結集は、ジャンブーからさらに四代を経過したバドラバーフ（紀元前三世紀頃：表4）の時に行われたとされている。当時の活動拠点であったマガダ地方に大規模な飢饉が発生した。バドラバーフは難を逃れるために教団の一部を率い南へ移住したが、その時、マガダ地方に残った者たちの間で、聖典の知識を再確認する編纂作業が行われたのである。二度目は、紀元後三世紀頃のことで、これにも大規模な飢饉が関係しているといわれている。この時にはマトゥラーとヴァラビーという異なる二つの土地で、ほぼ同時に結集が実施され、結果的に伝承に二つの流れが生じたといわれている。三度目の結集は、この二つの伝承の

表4　教団統率者の系譜

	……（マハーヴィーラ）
1	インドラブーティ
2	スダルマン
3	ジャンブー
4	プラバヴァ
5	サヤンバヴァ
6	サンブータヴィジャヤ
7	バドラバーフ
	……現在

マハーヴィーラまでの24のティールタンカラと、インドラブーティ、スダルマン、ジャンブーの合計27人は完全知を獲得したとされている。

流れを解消するために、紀元後五世紀の中頃、ヴァラビーで行われたとされている[3]。この最後の結集をもって、聖典の内容がほぼ確定し、それが現在まで伝えられているとされる。とはいえ、一五〇〇年にもおよぶ長い歴史の中で、後代のテキストが聖典として新しく追加されたり、タイトルのみが残り中身がごっそり入れ替わってしまったり、古いとされるテキストにも挿入や改変、脱落がしばしば生じてきたであろうことがヴィンテルニッツ［一九七六：一九―六七］の中で示唆されている。

また、聖典に説かれた教義は、時代を下って行くにつれて徐々に理解されにくいものとなっていったため、それぞれの時代の要請に応じて聖典に解説（注釈）が付された。それらのそれぞれが膨大な量であるため、聖典とその注釈文献をあわせた全体は、我々の想像をはるかに超えた分量である。聖典そのものだけでも現在では最多で四五の文献を数える派がある。筆者は以前、ジャイナ教の在家信者の案内で「アーガマ・マンディル」と呼び慣わされているマハーラーシュトラ州のプネ市郊外の寺院を訪れたことがある。「アーガマ」とはジャイナ教の聖典の呼称であり、「マンディル」とは寺院のことである。本殿を囲む回廊の壁一面には、文字が彫り込まれた金属板がびっしりと貼りこめられていた。高さにして約三メートル、回廊の一辺は一〇〇メートルほどはあっただろうか。それがぐるっと四辺あるので、壮観としかいいようのない光景であったが、それが彼らの伝える聖典のすべてであった。途方もない分量にあらためて気付かされたものである。

聖典の内容的には、ジャイナ教の基本的な教義をはじめ、教義にまつわる説話、出家修行者の集団生活に関するルールやそれに違反した際の罰則規定、諸々の儀式の際に唱える讃歌など、とにかくジャイナ教にまつわるあらゆることがらが記されており、ジャイナ教の出家修行者がまずはじめに読むべき教科書のたぐいも含まれている。聖典はジャイナ教徒にとって信仰のよりどころであり、生活に必要な知識の源泉ともいうべきものである。

本書において紹介するジャイナ教に関することがらは、フィールド面での先行研究、筆者の実体験にもとづくものもあるが、基本的な部分はこれら聖典やそれに準ずる歴史的な資料の記述とそれを対象とした先行研究にもとづいている。つまり、これらのテキストは、ジャイナ教を研究する者にとっても、「ジャイナ教とは何か」を知るための貴重な資料なのである。

以上が、ジナ（＝マハーヴィーラ）の生涯とその教え、そして媒体としての経典についてであった。以下では、ジャイナ教の二つの大きな宗派、白衣派《びゃくえは》と空衣派《くうえは》について、分裂に至る経緯と両派の違いについて述べていくこととしたい。

三　教団の歴史と体系

1　空衣派と白衣派

まずは、写真2～4を見比べてみてほしい。彼らはどれもジャイナ教徒ではあるが、明らかに全く別様の格好をしている。この彼らの見た目の違い、服装の違いは、時と場合によるものではない。つまり、一人のジャイナ教徒が、時と場合に応じて三様の装いに転じるわけではなく、この三者ははっきりと区別された全く異なるグループに属しているのである。

写真2と写真3の違いから見ていくことにしよう。

先に何度か触れたように、ジャイナ教には大きくわけて二つの宗派が存在している。一つは「白衣派《びゃくえは》」と呼ばれ、その名称が示すとおり白い衣を身につけているのが外見的な特徴で、写真2がそれに相当する。もう一つは、「空《くう》衣《え》派《は》」と呼ばれる集団で、「空を衣とする」つまり、何も身にまとわない者たちである。その外見的な特徴から、「裸形派《らぎょうは》」と日本語訳されることもあり、写真3がそれに相当する。この二つの宗派は、ジャイナ教の歴史の比較

写真2　白衣派の僧侶（ラジャスターン州ジャイサルメール）

写真3　空衣派の僧侶（Peter Flügel 教授による撮影2003年、ムンバイ）

写真4　在家信者（ラジャスターン州ジャイサルメール）

的早い段階に分裂して、現在もジャイナ教を二分する勢力として知られている。

2　両派の分裂

この両派は、マハーヴィーラの入滅後に分裂したといわれているが、分裂に至った経緯についての伝承は、両派間で異なっている。

白衣派の説によると、教団はマハーヴィーラの在世当時に生じたものも含めて合計八回の分裂を経験し、紀元一世紀頃に最終的に二派に分かれたとされている。一方、空衣派はこれを認めず、両派の分裂はもっと前、つまりマウリヤ朝のチャンドラグプタ王の治世（紀元前三世紀頃）に発生した飢饉が原因であるとしている。この時、バドラバーフが教団の一部を率いて南インドに移住し、従来の生活を続けた一方で、マガダ地方に残った一団は厳しい環境を生き延びるために規則をゆるめ、布をまとうようになったという。この一団が飢饉の収束後も布をまとい続け、結果的に白衣派として分裂したというのである。

この問題に関してこれまで定説はなく、実際のところは様々な要因のもとで徐々に分化が進んでいき、紀元前後に最終的に分裂に至ったのではないかと考えられている。

3　両派の違い

両派の外見的な違いは、これまで述べてきたように、布を身にまとっているかどうかという点にあるが、これは両派の教義における違いを反映したものであると考えられる。つまり、空衣派はマハーヴィーラが出家したと同時に裸形を実践したとして、裸形は解脱に必須の条件であるとしているが、一方白衣派は、マハーヴィーラは出家時には衣を身につけていたとして裸形は必ずしも解脱に必要な条件ではないとしているのである。この他にも、マハーヴィーラの生涯や教義に関する差異がいくつか存在している。

表5　白衣派・空衣派の分派

白衣派	尊像崇拝肯定派	ムールティプージャカ派
	尊像崇拝否定派	スターナカヴァーシー派
		テーラーパンタ派
空衣派	尊像崇拝肯定派	ビースパンタ派
		テーラーパンタ派
	尊像崇拝否定派	ターラナパンタ派

尊像崇拝の観点から諸分派を分類すると上記のようになる。諸派の下で、ガッチャあるはサンガとよばれるさらに細かい集団に分かれる。白衣派のテーラーパンタ派と空衣派の同名の派は関係がない。

マハーヴィーラの生涯について、空衣派は、マハーヴィーラ誕生前に起こったとされる母胎と霊魂の交換や、マハーヴィーラの結婚と娘の誕生といった出来事を認めていない。また、マハーヴィーラ以前のティールタンカラに関しても、白衣派は一九番目のティールタンカラであるマッリナータは女性であるとするが、空衣派はこれを認めず男性であるとしている。これは、空衣派が女性の解脱を認めていないことと関連している。

さらには、「ジャイナ教の聖典」において述べた聖典群は、白衣派において伝承されてきたものであり、空衣派はもともとの聖典は早い段階で全て失われてしまったとして、白衣派の伝承する聖典の正統性を認めていない。

以上がジャイナ教における二大分派の主要な違いである。両派にはさらにいくつかの分派が存在している。それぞれの分派間での相違の最も大きなものは、マハーヴィーラや他のティールタンカラの尊像を崇拝するか否かという点である。白衣派の中で尊像を崇拝する一派は、「ムールティ・プージャカ」と呼ばれ、白衣派内で最も大きな集団を形成している。「ムールティ」は「尊像」、「プージャカ」は「崇拝する者」の意味であるが、彼らは尊像を安置する寺院の存在も認めるため、「マンディル・マールギー」とも言われている（「マンディル」は「寺院」、「マールギー」は「道」を意味する語の派生形）。これに対して尊像を崇拝しない者たちは、「サードゥ・マールギー」（「サードゥ」は出家修行者の意味）と言われ、寺院ももたない。空衣派にも、尊像を崇拝する派と、尊像ではなく聖典を崇拝する派が存在している（表5）。

4　在家と出家

次に、写真4の存在について触れておこう。先述の白衣派に属するジャイナ教徒の全てが、白い衣を身につけているのかというとそうではない。同様に、空衣派に属するジャイナ教徒の全てが何も身につけない裸形であるわけでもない。白い衣をまとった者たち（写真2）は、白衣派の中でも「出家修行者」、つまりお坊さんであり、同様に、空衣派において何も身につけない者たち（写真3）も、お坊さん（しかもごく一部の）である。一方で、一見したところではほとんど他のインド人（例えばヒンドゥー教徒）と変わらない洋服を身につけて、生活をしているジャイナ教徒は、在家信者と呼ばれ、写真4がそれに相当する。つまり、白衣派・空衣派の中にはともに出家修行者と在家信者という二つのグループが存在するのである。[4] 日本人が普段ビジネスなどで接する機会があるのは、この在家信者たちである。

このように、出家修行者と在家信者との区別は明確であって、白衣派も空衣派も出家修行者は一度出家をすると、還俗しない限り在家信者としての装いを身につけることはない。休みの日に洋服に着替えて街を歩く、といったようなことは起こらないのである。また、出家修行者であれば経済的な活動に従事することもないので、修行の時には白い衣を身につけつつ、ビジネスの時にはスーツに着替える、というようなことも起こり得ない。さらにいえば、ジャイナ教の出家修行者と在家信者の間では、衣・食・住にわたって全ての様式が区別されているということができる。出家修行者には出家修行者の生き方（先ほど触れた「沙門」というモデル）があり、在家信者には在家信者の生き方がある。しかしながら、両者共にマハーヴィーラの教えに従って生きているのである。

5　大誓戒と小誓戒

出家修行者と在家信者とは、同じ教えに従いつつも、異なったスタイルの生活を送っている。この両者の間に見られるスタイルの差は、守るべき規則に設けられた程度の差にもとづいている。つまり、同じ規則について、出家修行者と在家信者とでは、厳格さに差があり、それによって生活のスタイルに違いが生じているのである。

その中でも代表的なものは前述の五つの誓戒に関するものであり、出家修行者のための五つの誓戒は「大誓戒」と称せられ、同じ項目であっても、在家信者のための誓戒は「小誓戒」と呼ばれ区別されている。誓戒の大小というのは程度の差のことであり、出家修行者は五つの誓いをより完全な形で行い、在家信者はそれに比べてやや弛緩した誓いを守りながら日常生活を送るということである。

最も根本的な誓いである「生き物を傷つけない（不殺生）」における差異については後ほど述べることにするが、他の誓いの中でわかりやすい例を挙げるとするならば、「物を所有しない（不所有）」の誓いにおける差であろう。出家修行者は、後の「出家修行者の持ち物」の項で紹介するように、生きるために必要最小限の物を持つことしか許されていない。しかし、在家信者は、一般的な家屋に住み、俗世間での生活を送るに必要な家具や衣類、車などの移動手段を所有している。不必要に所有しすぎることは禁じられているとはいえ、出家修行者たちの持ち物の量に比べると圧倒的に多いと言えるだろう。

またもう一つの誓いである「性的禁欲を守る」という点においても、出家修行者と在家信者との間には差が見られる。出家修行者は、これも後述するように、性的交渉はもとより、異性との物理的な接触自体を徹底して避けなければならない。一方で在家信者の間では、配偶者同士でかつ子孫を残すことを目的とする場合に限り性的交渉が認められている。出家修行者の禁欲に比べて緩いとはいえ、在家信者にも厳格な禁欲が求められており、異性間での気安いスキンシップがはばかられることは想像に難くない。禁欲は不殺生同様非常に重視され、在家信者であっても、あたかも出家修行者のごとく一生独身を貫く者や、子孫を残すという目的を達成した後には、一切の性的交渉を断つ誓いを改めて立てる者もいる［Wiley 2009: 59, 66］。

四　出家とは――出家修行者の特徴

マハーヴィーラが全ての物を捨てて苦行者となったように、俗世間から離れて苦行の生活に入ることを「出家」という。出家修行者の数は、在家信者に比べてごく僅かにすぎず、ダンダス［Dundas 2002: 304］の述べるところによると、ジャイナ教のある一派の人口五万人のうち、男性の出家修行者がわずか一五〇人ほど、女性の出家修行者が五五〇人ほどであるという。他の派においてもこのような比率はそう大きく変わるものではないと予想されるが、女性の出家修行者の数が男性の出家修行者の三～四倍であるのが大きな特徴であり、マハーヴィーラの伝記においてもすでにそのような傾向がみられた点は興味深い。

出家修行者は、原則的には一度出家した後はよほどの理由がない限り在家信者へと還俗することはない(5)。マハーヴィーラの場合と同様、出家は人生において一度きりの行為なのである。また、出家修行者は特定の指導者によって統率された集団に属しているが、日常的には数人から十数人程度の単位で活動している。日本の仏教の僧侶のように寺院に定住することはなく、家族を離れ、生涯を通じて遍歴遊行の生活を送る。性的禁欲を厳格に守るため、いうまでもなく生涯独身を貫く。以上の事柄は、白衣派も空衣派も変わることはないが、以下では、主に白衣派の伝統に沿った、出家修行者の特徴について述べていくこととする。

1　なぜ出家するのか——輪廻と業の理論

マハーヴィーラの生き方がジャイナ教におけるもっとも理想的な生き方であり、彼のような修行生活を送ることによって輪廻からの解脱を果たすというのが出家の最終的な目的であるということができるであろう。しかしなぜ修行をすれば解脱を達成することが出来るのであろうか。ジャイナ教では、修行の実践を原因とし、解脱を結果とする因果関係は「業《ごう》」に関する特殊な理論によって結びつけられている。

写真5　ジャイナ教の世界観による宇宙の全体像を模した建物（ウッタルプラデーシュ州ハスティナプル）

ジャイナ教の教えによると、「業」とは非常に微細な物質であり、我々が日常的な活動を行うことで、それらが我々のジーヴァ（霊魂）の中に入り込み付着するという。ジーヴァは一種の生命原理のようなもので、業の一切付着していない本来の状態では上昇する性質を持っている。しかし、これに業が入り込むことによって、その性質が制限され、上昇することなく輪廻の世界をさまようことになるという。ジャイナ教の世界観では、この世はいくつもの階層から成る巨大なビルのような代物で（写真5）、人間が生活しているのはそれらの中のちょうど真ん中あたりの一階層にすぎない。それよりも下が地獄であり、上方がいわゆる天界である。我々は業の付着の度合いによって、生まれ変わるごとにこれらの階層を上下しつつ輪廻を重ねているわけである。

しかし、この世の最も高い場所には特別な場所があり、ジーヴァが本来のまっさらな状態になることができればそこへ到達し二度とそこから下方へ落ちることはなく、それ以後は何者にも生まれ変わることはない。これが輪廻からの解脱であると説かれている。つまり、自らのジーヴァを業の一切付着していない状態へ戻すことが、ジャイナ教における究極の目的であるということが出来る(6)。

そのためにはまず、業がジーヴァに入り込むのを阻止し、ジーヴァの流入を遮断してから、ジーヴァの内に残存している業を滅し尽くさなければならない。そして出家後の修行生活こそが、このような解脱に至るプロセスを可能にするものであると考えられているのである。

2　出家の儀式

出家してジャイナ教の修行者となるためには、すでに出家した修行者によって一定の儀式が執り行われねばならない。通常、出家の儀式を取り仕切るのは、その集団において指導的な役割を果たしている出家修行者であるが、儀式の内容自体は白衣派・空衣派、そしてさらにそれぞれの分派や地域のコミュニティによって様々である。儀式を受けることが可能な年齢についても様々で、例えばあるテキストは八歳が出家可能な最少年齢であるとしている。しかし、儀式を授ける指導者の中には、もっと年齢を重ねてからのみ出家の儀式を受けることを許可する者もいる。あるいは、出家の可否は両親に一任され、彼らの許可が得られさえすれば、年少者であっても出家させる指導者もいる。

白衣派の中でも最も規模の大きい一派では、出家の儀式は非公開の部分と衆人環視のもとに行われる部分とで構成されている［Wiley 2009: 80］。儀式の手順や内容は、地方の慣習などによって異なる場合もあるが、非公開の部分に関しては伝統によって厳密に定められており、同じ系統内では共通している。通常は出家する数日前から儀式が開始され、出家予定者は出家前の祝宴で大いにもてなされる。出家する、あるいは出家することが出来るというのは、非常にめでたく、本人や家族にとっては誉れ高いことであると考えられているのである。出家の前日には、出家する者は、マハーヴィーラなどのティールタンカラ（救済者）のエピソードに倣って、参列者の行列の中ですべての財を放棄するパフォーマンスを行う。筆者の参列経験では、出家する日の未明、午前四時頃から開始されていた。それはまるでパレードのようで、出家予定者は本物の馬車に乗りつつ、男性用ワイシャツなどの衣類や日用品、そしてドラム缶サイズの容器一杯の米を手づかみで参列者に向かって放り投げるのである。その日には、出家する者はインドの花婿、つまりターバンを巻いた王子様のような格好や、花嫁のようなきらびやかな衣装に身を包んで、参列者の在家信者や儀式を執り行う指導者をはじめとする出家修行者たちが集う会場（写真6）の中にやってくる。そして出家修行者の衣類と道具を与えられた後、一旦退場し、密室で非公開の儀式が執り行われる。その非公開の儀式において、出家する者は頭髪を剃り[7]（一部は手で引き抜く）、与えられた衣類を身につけ、新しい名を授かって出家修行者の装いへと変化するのである。その後再び集会場へ戻り、衆人環視のもと指導者によって出家の完了が高らかと宣言され、参列者から祝福を受けるのである。

写真6　出家式の集会場（グジャラート州アーメダバード近郊）

ワイリー［Wiley 2009: 80］によると、この最初の出家式の後には、断食と、基本的な教義や出家修行者の振る舞いに関するルール、出家修行者が行うべき六つの日課について学習を行う期間が六か月間続く。この間は新しく出家した者は、托鉢に出歩くことはなく、グループの他のメンバーが集めてきた食を受け取る。その期間、新人りの出家修行者が出家生活に対する固い決意を保持し続けた後には、彼らは最後の出家式を受けることになる。この儀式によって最終的に出家した者は、正式に出家修行者の五つの誓いを授かり、残りの人生を修行生活に費やすことに同意するのである。

このような儀式によって開始されるジャイナ教の出家修行者の生活全般が、文献にもとづく、もしくは、フィールド調査にもとづく研究の大きな対象であり、ここでその全てを語ることはとうていできない。以下では、ジャイナ教の白衣派の出家修行者の生活のうちで、もっとも重要かつ特徴的な要素として考えられる「不殺生の実践」「持ち物」「禁欲」「遊行」について、それぞれ簡潔に紹介することとしたい。

3　不殺生の実践

ジャイナ教の出家修行者の生活は不殺生の徹底という要素を抜きにして語ることはできない。不殺生は、前述のとおり、宗教的な実践における五つの誓いの筆頭でありもっとも重視される項目である。また、出家した者がこの不殺生の誓いをより理想に近い形で実践することができるとされている。

不殺生の実践は、日々の活動の全てにおいて「生き物を傷つけない」ように細心の注意が払うことである。したがって、彼らの日々の行動原理のほぼ全ては、この不殺生の実践によって支配されているといっても過言ではなく、ジャイナ教の菜食主義というのは、不殺生の実践を食生活の観点から捉えた一側面であるとも理解できよう。食生活に関連する事柄は後述するとして、それ以外に認められる特徴を、持ち物の点から見てみよう。

4　出家修行者の持ち物

出家修行者は、五つの誓いのうちの一つ「不所有」、つまり物に対して執着を抱かず、所有することもしない、という誓いを実践するために、持ち物が非常に限定されている。これについても、白衣派と空衣派では認められている所有物が異なっている。白衣派の出家修行者の場合は、基本的には身体を覆うための白い布、托鉢のためのいくつかの容器（写真7）、そして払子《ほっす》と呼ばれる白い一種の箒、口を覆うための布、細長い杖などである。それらのうち、口を覆うための布は、マスクのように装備して常に口を覆うようにする者たちもあれば、ハンカチのように携えて、必要な時にのみ口に当てる者たちもある。これは不殺生の実践において重要な役目を果たすとされており、空中を飛ぶ小さな生き物を不用意に吸い込んで傷つけてしまうのを避けるためであるとされている。また、払子は坐る時などに座席をさっと掃くためにつかわれ、不用意に小さな生き物を踏みつけてしまうことを避けるためであるとされている。しかし、これらの装備は実用的な側面はもとより、不殺生の実践の象徴としての意味合いも持ち合わせているといえる。また、それぞれの持ち物は使用する際には生き物を傷つけないように仔細に検分してから使用するべきであることが説かれている。

写真7　托鉢のための容器一式（グジャラート州アーメダバード）

5　遊行

白衣派の出家修行者は、寺院などの特定の施設に定住することはなく、出家した後は雨期の四か月を除いて常に遍歴遊行の生活を送るべきであるとされる。雨期の四か月間はそもそも歩行に困難であるし、道には生命が溢れている時期であるから、不用意にそれらを傷つけてしまう可能性が圧倒的に高いので、移動に適さない。遍歴遊行の行為はヴィハーラと呼ばれ、文字どおりの意味は、「歩き回ること」「放浪すること」である。(8) 遊行する際には、乗り物にも乗らず、基本的には徒歩で（たいていの場合は裸足で）移動することが求められる（写真8）。これも、不殺生の実践の一環であると考えられている。つまり、乗り物に乗ることによって不用意に生き物を傷つけてしまう可能性

写真8　素足で歩く遊行中の出家修行者（グジャラート州）

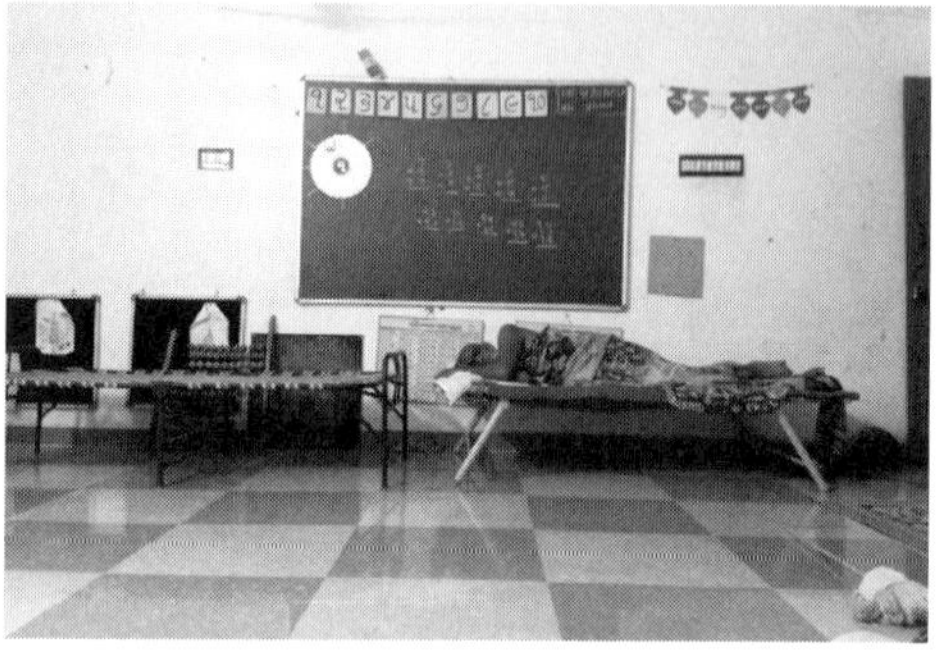
写真9　小学校の教室を寝床にする遊行中の出家修行者（グジャラート州）

を排除するためであると考えられている。現代においても白衣派の出家修行者たちは、西部インドを中心に非常に広い範囲を徒歩で移動するが、彼らは目的なしに歩き回っているわけではない。彼らは移動するところと移動する目的をあらかじめ知っていて、かなり綿密に事前の計画が練られているようである。移動の途中では、在家信者たちが何人かサポート役として付き従うこともある。一日のうちで早朝と夕刻の二回、つまり日中のもっとも暑い時間帯を避けて移動し、およそ二〇キロ、多い時では二五キロほどを毎日移動する。ただし、病気や老衰によって徒歩で移動することができない場合には、一か所に留まることが特別に許されることもある。

遊行は現代では一人で行うことはほとんどなく、男性出家修行者と女性出家修行者を合わせて数人から十数人単位で移動する。移動の途中では、ジャイナ教寺院に付属の滞在場所で宿泊する場合もあれば、寺院がないような場所では、小学校などの、夜間使用されず多少スペースが確保できるような施設を一晩だけ借用することもある（写真9）。

6　禁欲

異性に対する執着は、修行に対する集中を妨げるもっとも大きな要因の一つとして数えられている。したがって出家修行者は、出家後には完全な禁欲主義を生涯貫き、異性に対する執着から完全に離れなければならない。これは単に独身で居続けて異性との性的な接触を行わないというだけではなく、日常生活を送る際には異性と物理的に触れ合うことを徹底して避けることも意図されている。具体的には、物を受け渡しする際に、受け渡されるべき物を介して異性と接触することも避けられるため、男性出家修行者、あるいは女性出家修行者が異性に物を渡す時には、一度地面に置いて取ってもらうか、投げて受け取ってもらうなどといった手段が取られる。在家信者から異性の出家修行者に物を渡す場合にも同様である。その他にも、不必要に異性に接近したり談話したりすることのないように戒められている。

五　出家修行者の食生活

1　ジャイナ教の生物観——菜食主義の背景

ジャイナ教の不殺生主義と密接に関わっているのが、生物観、つまり、生物をどのようなカテゴリーに当てはめて理解するかという問題である。藤永伸［一九九〇：五七—五八］によると、ジャイナ教では、この世界のあらゆる物は生命体（ジーヴァ）と物質（アジーヴァ）とに大きく二分することができるという。さらに生命体は、可動の物（トラサ）と不動の物（スターヴァラ）という下位区分によって構成されている。また生命体は、その物が有する感覚器官の数という別の基準によっても分類され得るが、もっとも少ない数、つまり触覚という単一の感覚器官のみを有する生命体と、先に述べた不動の生命体は、その範囲がぴったりと符合する。(9) そしてその、「触覚のみを有する」「不動の」生命体というカテゴリーの中に、植物が含まれているのである。このことから、ジャイナ教の教義において植物は「生命体」として明確に定義されていることが認められるであろう。ということは、我々が（あるいは筆者だけかもしれないが）

考えるような、「植物は生き物ではない」＝「菜食主義は不殺生主義」という構図は、ジャイナ教においては成立し得ないことになる。ジャイナ教の定義に従うと、植物を食べることも生き物を害することに他ならないのである。ではいかなる理由によって、彼らは菜食主義と不殺生主義の整合性を保っているのであろうか。出家修行者にかぎっていえば、彼らは托鉢という行為によって食を獲得することで、理想的な不殺生を守ることができると考えている。

2　托鉢

出家修行者は、不殺生の誓いを徹底するために、火を用いて調理することも、野菜や果実を収穫することもないので、飲食物を得るためには、家々を回り、施しを受けなければならない（写真10）。つまり、ジャイナ教の出家修行者は、托鉢によってのみ生命を繋いでいるのである。托鉢によって得られるべき食は、生命としての価値ができる限り排除された物に限られる。後述するように、在家信者には植物の類を調理することが認められている。そして、在家信者の手によって完全に調理され、生命体としての価値を取り除かれた物だけが、托鉢によって受け取られ、出家修行者の口に入る。この一連のプロセスを経ることで、出家修行者は食生活においても完全な不殺生を実践することができるとされているのである。この托鉢という行為は、白衣派の出家修行者にも、空衣派の出家修行者にも共通して行われる必須の事柄であり、ジャイナ教の出家修行者の食生活のもっとも大きな特徴であるということができるであろう。

ジャイナ教、とくに白衣派の出家修行者が托鉢に出て食を受けることをゴーチャリーという。文字どおりの意味は、「牛のように歩き回ること」である。これは、出家修行者が食べ物を集める時には、予想や計画なしにランダムに歩き回り、それぞれの場所で器にほんの少量ずつ集めるように求められることに由来する。基本的に白衣派の出家修行者は、一日に二度、托鉢をして回り食を得る。托鉢は、自分の分だけ行うのではなく、同じ集団に属している他の出家修行者の分もまとめて行い、集団が逗留している場所に戻ってから分配して皆で消費する[10]。在家信者と食事の場を共にすることはない。ジャイナ教白衣派の聖典の中でも、出家修行者の生活を細かく規定する文献では、出家修行者が「何を食べるべき／食べないべき」であるか、ということよりも、以下に見るように、「いかにして食を受け取るか」、あるいは食を受ける過程においていかにして殺生に関連する要素を排除するか、という托鉢の際の方法論が多く語られている。以下では、デオ［Deo 1956: 168-］の記述を主に参考にしながら、托鉢における不殺生の実践について見ていきたい。

3　托鉢における不殺生

托鉢に出かける際にも殺生に関わることのないように細心の注意が払われねばならない。つまり、道中では生き物が多く存在するような道は避けられるべきであり、微細な生き物を踏み潰してしまわないように前方をよく確認して歩くべきであるとされている。また、豪雨・強風の時や、空中に虫が多数飛んでいるような時には托鉢に出かけるべきではないとされている。これもおそらく、托鉢中に不用意に生き物を害してしまうかもしれないからであろう。自らが直接的に殺生に関与する場合だけではなく、間接的に殺生に関わることも禁じられている。これは、施しを行う直前に殺生に関わる行為を行った者から食を受けるべきではないということで、殺生に関与した「穢れた」手によって施しがなされるのを嫌うものである。また、何度か器に移し替えられた食べ物も受けるべきではないとされる。器に移し替え

写真10　托鉢用の鉢を持って在家信者の家を訪れる出家修行者（グジャラート州アーメダバード）

られた過程において、不用意に生き物やその他食べるべきではない物が混入するかもしれないからである。水に濡れた手や柄杓、あるいはほこりなどが付着した状態のそれらによって、施しを受けるべきではないのも、おそらく同様の理由にもとづくものであろう。生命体が含まれている食べ物を受け取るべきではないのはいうまでもないが、水に関しても同様のことが語られるところに、不殺生の徹底が見てとれる。つまり、完全に調理され、生命としての価値が全く取り除かれた食を受けるべきであるのと同様に、水もまた在家信者の手によって完全に煮沸され、生命が全く含まれていないものを飲用するべきであるとされている。

食にまつわる不殺生の実践は、この他に、夜食の禁止を挙げることができる。これは、健康上あまり良くないから、という理由に言及される場合もあるが、ここでもやはり、暗くてよく見えない食べ物の中に「小さな生物が混入し」、それを知らず知らずに害してしまう可能性があるから、という理由が一般的である。出家修行者は、日没の時間よりも前に一日の食を終えていなければならず、日の出よりも前に飲食を行ってはならないとされている。

4　托鉢の偶発性

出家修行者に提供される飲食物は、あくまでも「余り物」であることが求められていた。つまり、家庭で食事をした時に「たまたま」幾分かの食べ物が余ってしまい、そこへ「たまたま」出家修行者が托鉢で通りかかったので提供する、というスタイルが理想とされる。なぜなら、この一連のやり取りの中では、托鉢の僧には、食べ物に対する欲求・執着が一切生じないからである。あらゆるものに対する執着は、排除されるべきであると考えるジャイナ教の出家修行者にとって、これは重要なプロセスであるといえる。したがって、在家信者が托鉢の出家修行者のためにわざわざ調理して提供しようとしても、出家修行者はそれらを受け取ることができない。つまり、招待食は禁じられているのである。これには、特定の在家信者との依存関係が確立してしまったり、一つの家庭に負担が集中することを避けるという側面もあると考えられる。

同様の理由で、托鉢の出家修行者が在家信者に命じて離れた場所にあるものを取って来るように命じたり、わざわざ買いに行かせたりすることは禁じられている。また、托鉢における偶発性を重視するために、間違いなく施しを受けることができるような場所、例えば親族の家々や、食事を振る舞っている宴会場などに行って、施しを受けることは勧められない。また、施しを受けることができるというのは、あくまで偶発的な出来事であるが故に、その結果に一喜一憂するべきではないとされている。また、「牛のように歩き回り」、ランダムに家々を訪れるために、ジグザグに家々を回ったり、渦を巻くように回ったりするルートまでもが細かく規定されている。托鉢に出かけるのに適した時も定められており、家庭での食事がちょうど終わるような時刻に家々を回るべきであり、在家信者（たいていは女性）が家族のために料理を準備している時などには訪れるべきではないとされている。

5　施主との関係

出家修行者は、在家信者と親密に接するべきではなく、一定の距離を保つべきであるとされていることから、寝床を提供してくれた在家信者から飲食物の施しを受けることも禁止されている。つまり、多くのものを一人の施主に依存することは在家信者との距離を縮めてしまう、と考えられたのであろう。あるいはまた、これも一人の施主に負担が集中することを避けるためであるとも考えられる。出家修行者は、政治的な権力者とも一定の距離を保つべきであるとされているため、王などの住居にみだりに立ち入って施しを受けることは禁止されている。

6　食事に対する姿勢

「托鉢の結果に一喜一憂してはならない」ということに加えて、他にも食事の際の心構えが詳しく説かれている。

例えば、食事を摂る時には、生命を維持するのに最低限必要な分だけを食することが求められる。また、美味しい物を味わって食べてはならず、味に溺れて執着することがないように心がけられているという。食事をするということはあくまでも生命を維持するためだけの行為でなければならず、味や食べ物自体に執着の心を起こしてはならないとされている［河崎　二〇一六：一九―二〇］。したがって、托鉢によって得た食べ物を長時間にわたって保管するような行為も禁じられている。もっともこれは、衛生面に対する考慮、つまり腐った食べ物を食さないようにするためであり、多くを貯えないという不所有の誓いの観点からも勧められるものではないであろう。

7　断食と断食死

断食もまた、托鉢と並んでジャイナ教の食生活を大きく特徴づけるものであり、マハーヴィーラの修業生活においてそうであったのと同様に、現在においても出家修行者を含むすべてのジャイナ教徒によって非常に重視されている。断食は修行生活において頻繁に行われ、その動機も様々で、ジャイナ教の祝祭日の際に行ったり、指導者などの命日や、重大な過失を犯してしまった際の罪滅ぼしのために行うこともある。修行生活の重要な位置を占める断食は、様々な活動によってジーヴァに付着してしまった業を滅するのに有効であると考えられているのである。

断食は現代においては、丸一日、つまり二度の食事を抜き、何も口にしないというのが一般的である。罪滅ぼしのための断食や、伝統的な儀礼の際の断食などの場合は、それぞれの過失や儀礼によって期間が異なっている。断食におけるこのような特定の期間には呼び方が定められており、たとえば「四番目」と呼ばれる断食においては、四番目の食事をとる、つまり三度の食事を抜くことになる。基本的には出家修行者は一日に二度食事をとるので、この「四番目」の断食では、一日半（ただし前日の日没後からは何も口にすることはないので実質二日間）の断食を行う、といった具合である。「四番目」の次は「六番目」「八番目」と一日単位での期間が設定されており、最大では六か月までとされている。これらの断食の期間のヴァリエーションは、マハーヴィーラが修行中に行った断食に倣ったものであるとされている。

断食の内容にもいくつかの選択肢があり、何も口にしない断食の他、特定の食べ物を避けるタイプの断食、一日二回の食のうち、一回だけ食をとることを許容するタイプの断食など、その時々にふさわしい断食が実施される。筆者の留学中に出会ったとある出家修行者は、一日二回の食のうち一回のみ食をとるタイプの断食を一日おきに一年継続するという修行を行っているところであった。それが無事に完遂した暁には大きな功徳が得られるとのことであった。

こういった日常的な修行生活における断食とは異なる、もうひとつの断食のあることが知られている。それはサッレーカナーというもので、死に至る断食である〔堀田　二〇〇八：七-八〕。二〇一六年にはハイデラバードで、六八日間にもおよぶ断食を行ったジャイナ教徒の少女が、断食を終えた二日後に死亡するという痛ましい事件があり、日本でもニュースとして取りあげられていた。「ジャイナ教徒は断食によって死に至る」と紹介されることもあるが、サッレーカナーはこの事件のように過剰な断食によって意図しない死を迎えることとは根本的に異なっている。また、サッレーカナーは、不慮の事故によらない「自発的な」死であるといっても、自殺とも異なったものであると考えられている。事実、自殺によって死に至ることは、ジャイナ教においては固く禁じられている。サッレーカナーには、自殺の際のような衝動はなく、秘密裏に行われるものでもない[11]。サッレーカナーは一定の条件下においてにのみ許可されるもので、長期間にわたって徐々に飲食物を制限することによって計画的に死と向き合いながら、心の平静を保ったまま自発的に死に至る行為なのである。これには想像を絶するような精神力を要するであろう。したがって、サッレーカナーは非常に神聖な儀式であり理想的な死の迎え方であると考えられている。この儀式は、すべての出家修行者が実践できるものではない。また、これは出家修行者にのみ許されたものでもなく、在家信者の中にも実践する者がいる。

このように、「食べない」という行為もまた、ジャイナ教の食のあり方を大きく特徴づけるものであることがわかる。

8　原則と例外

ジャイナ教の出家修行者の生活に関する規則は、どのようなものであれ例外的な規定が設けられている。生命を繋ぐために欠くことのできない托鉢の場合も同様で、それを行うことの困難な重病人や老人に対する例外的な規定が数多く設けられている。通常、重病や老いによって托鉢を行うことができない場合には、健康な出家修行者が代わりに托鉢を行うことになっており、この代理の出家修行者が行う托鉢行為に対しては、例外的な規定が設けられたり、彼が受ける食の種類について、通常では禁じられている食物が例外的に認められたりする。

現代でもこれら托鉢に関する規定は原則的には守られている。しかしながら、現代において厳密に守ることが困難であるような場合には、それぞれの状況に応じて柔軟な態度が取られ、規則が多少弛緩されることがある。例えば田舎道を遍歴遊行するような場合に、決められた時間に托鉢するべき民家も望めないような時には、お付きの在家信者などが食事を運んでくるといったことがある。

以上がジャイナ教の出家修行者の食生活のスタイルである。それでは、在家信者の特徴と、その食生活のスタイルは、どんなものであろうか。

六　在家信者の生活

出家修行者の目的が、すべての業を滅し尽くして輪廻から解脱することであるのに対し、在家信者はより世俗的なことがら、たとえば現世において幸福になることや、来世においてより良い境涯に生まれ変わることを目的としている。とはいえ、在家信者もまた、出家修行者と同様の五つの誓いに従って、日々の生活を営んでいる。「大誓戒と小誓戒」において述べたように、出家修行者のように完全な形でこれらの誓いを実践することはできないので、幾分ゆるめられた形で実践することになるが、不殺生を筆頭としたこれらの誓いは、彼らの日常生活の全てと結びついているといっても過言ではなく、他の宗教とは違った一種独特の「在家生活」を形成しているということができる。また、これら五つの誓いを補足するような追加の誓いが七つ設けられており、在家信者はこれら一二の誓いを人生の指標としている。

以下ではこれらの追加の誓いについて簡単に紹介し、その後、在家信者の生活のもっとも大きな特徴である「布施」つまり「施しを与えること」と「プージャー（礼拝）」について紹介することとしたい。

1　一二の誓い

在家信者には、やや緩い形での五つの誓い、つまり「生き物を傷つけない」「嘘をつかない」「与えられていない物をとらない」「性的禁欲を守る」「所有しない」という誓いに加えて、三つの「グナ・ヴラタ（徳戒）」と四つの「シクシャー・ヴラタ（学習戒）」という七つの補助的な誓いが設けられている。これらは、在家信者の生活を規定する文献に詳しく述べられているが、内容に関してはそれぞれの時代や空衣派・白衣派の違いによる差異が見られる。

堀田［二〇一六b：三〇］が紹介している三つの徳戒の内容は、「方位に関する誓戒」「無用な毀損に関する誓戒」「消耗品と耐久品に関する誓戒」である。「方位に関する誓戒」とは、移動範囲を制限する誓いであり、これは、必要以上に移動したり自由気ままに移動することによってむやみに生き物を害してしまうことを避けるためであるという［Wiley 2009: 79］。「無用な毀損に関する誓戒」とは、他人を傷つけることを画策したり、賭け事を行ったり、むや

写真11　出家修行者とともに布薩を行う在家信者（グジャラート州アーメダバード）

みに木を切ったり土を掘ったりすることを戒めている。また、毒物や武器などの有害な物品を拡散させたり、他人同士を争いに導いたりすることも禁じている［Wiley 2009: 34-35］。空衣派では、これらに加えて、残忍な物語や扇情的な物語を耳にすることも、この誓戒によって禁じている。「消耗品と耐久品に関する誓戒」とは、特定の物品の使用を制限するものであるが、この誓戒によって、特定の食物の制限、夜食の禁止、特定の職業に就くことなどを制限する場合もある。

　四つの学習戒とは、「場所に関する誓戒」「反省的瞑想に関する誓戒」「布薩に関する誓戒」「布施に関する誓戒」である［堀田　二〇一六b：三二〇］。「場所に関する誓戒」とは、期間を限定して、先ほどの「方位に関する誓戒」よりもさらに厳しく移動範囲を制限する誓いであり、たとえば、一定期間家から出ずに外部との接触を断ったり、近くの寺院よりも遠くに行かない、といった制限を設けることである。「反省的瞑想に関する誓戒」とは、サーマーイカという日課の瞑想を欠かさず行うことを誓うものである。「布薩に関する誓戒」とは、特定の日に普段よりも厳格な生活を送り、不殺生を徹底して断食を行うことである。時には出家修行者と同じ空間で一定期間生活することもある（写真11）。「布施に関する誓戒」とは、布施、つまり施しを行うことを勧めることである。後に触れるように、施しの対象は、出家修行者だけではなく、教団の維持のために様々な支援を行うことである。

　以上が在家信者の基本的なルールであるが、これらのルールに基づく生活の中で、出家修行者の生活と比べて最も対照的な振る舞いは、布施であろう。以下では、布施について詳しく見ていきたい。

2　施しを行うこと

在家信者にとって、出家修行者に施しを行うことは宗教的な行為であり、ジャイナ教では托鉢する出家修行者に施しを提供することと、物乞いに物を与えることとは明確に区別される。これが正しく行われたならば、施主としての在家信者は、功徳を獲得することができるとされている。在家信者も、断食等の出家修行者と同じ行為を実践することによって、業を減らしていくことがあるが、布施という方法によっても霊魂（ジーヴァ）の状態をよりよい方向へと導くことが出来ると考えられている。在家信者の行うべき正しい振る舞いを説くテキストでは、施主は布施の際に以下の四つの条件を満たすことで、その功徳を正しく得ることができるとされている［Wiley 2009: 70-71］。一つめは、布施の際に適切な心の状態を持っていることである。一般的には布施は、世俗的な欲望や、怒り・高慢・欺瞞・貪欲といった激情のない状態でなされるべきであるとされている。二つめは、施しの受け手（＝出家修行者）に適切な敬意を表す、適切な時間に施しをする、といった正しい作法に則ることである。三つめは、施し物が受け手に適していることであり、最後は、受け手の性質、つまり施す価値のある者に適切に施すことである。

寺院へ参詣し尊像の崇拝を行う一派にとっては、寺院における様々な儀礼や聖地巡礼、尊像の開眼供養などに対して支援を行い、また、寺院を建立し管理することも重要な施しの一部である。多くのジャイナ教徒にとってもっとも重要な聖地であるラジャスターン州のアーブー山や、グジャラート州のパリタナにあるシャトルンジャヤ山に建てられている寺院は、一一世紀以降に在家信者である当時の王国の宰相たちの支援によるものである。

3　プージャー（礼拝）

マハーヴィーラを含む二四人のティールタンカラを礼拝することは、すべてのジャイナ教徒に共通する最も基本

写真12　尊像の前でプージャーを行う在家信者（ラジャスターン州ジャイサルメール）

的な行為である。ジャイナ教では、礼拝には二種類あるとされている。一つは、心的、内的な礼拝で、もう一つは、物理的、外的な礼拝である。白衣派の中でも尊像を崇拝する在家信者たちにとって、プージャー（礼拝）とは、ティールタンカラなどの尊像に対して物理的に礼拝することであり、供物を捧げたり灯火で照らしたりすることである（写真12）。彼らは毎日近くの寺院に赴いて、尊像に礼拝を捧げる。礼拝の手順や供物の種類も決められているが、地域によって異なる場合もある。[12] 尊像が安置されている寺院の本堂は、窓のついた扉によって外陣《げじん》と内陣《ないじん》とに分けられており、普段の礼拝は外陣からのみ行う。外陣から尊像を「見る」行為を主とするので、普段の礼拝はこれを意味する「ダルシャン」（サンスクリット語ではダルシャナ）とも呼ばれる。特別な日には、沐浴をして身体を清め、礼拝用の衣を身につけて内陣に入り、尊像に直接触れて礼拝することが出来る。彼らはたいてい自宅にも小さな祭壇を持っており、そこへの礼拝も毎日欠かすことがない。

これに対し、尊像を崇拝しない者たちは、心の中でティールタンカラを思い浮かべたり、讃歌を唱えることによって、内的なプージャー（礼拝）を行う。彼らは尊像を持たず、それを安置する寺院も持たないため、寺院に参拝することはなく、集会場に集まって礼拝を行う。

七　在家信者の食

在家信者は、出家修行者たちとは異なったスタイルの食生活を送っている。最も大きな違いは、食材を調理することが許されている、という点であろう。在家信者が調理することは、小さな誓戒の遵守によって許されているのである。小さな誓戒の遵守とは、部分的に誓戒を守ることを意味し、不殺生に即していうならば、一部の生命体を害することは回避できないとすることである。そしてその、殺生が不可避である一部の生命体が、前述の「不動の」生命体なのである。植物を調理し、食することは一種の殺生に該当するが、より高次の生命体を害するよりマシ、というわけである。[13] 出家修行者の食生活は、托鉢という行為によって大きく特徴づけられるものであったが、植物を調理し、それを食するジャイナ教在家信者の食生活は、我々が一般に認めるところの菜食主義のそれと何ら変わらないようにも思える。しかしながら、以下に紹介するように、ジャイナ教が最も重視する「不殺生の徹底」によって導かれた独特の原理によって、在家信者の食生活もまたその他の菜食主義とは異なった様相を見せている。

7　在家信者の食

1　そこから生命体が発生するか

消極的な形であれ、菜食を選択しているという点においては一般的な菜食主義と大差ないように思われるが、ジャイナ教には、「肉を食べない」という以外にも実に様々な食に関する規定が存在する。それらの場面で頻繁に語られるのが、「そこに生命が存在する可能性」、あるいは「そこから生命が発生する可能性」であり、これがジャイナ教の食のスタイルを独特なものとしている背景の一つと考えることができる。例えば、堀田［二〇一一：一七六—一七九］が明らかにしているように、在家信者の「根本的美徳」という枠組みによる食の規定では、自然死した動物のものを含めた肉類、蜂蜜、イチジク類の果物、酒類、濾過されていない水などを摂ることが禁じられているが、そこで常に語られるのが、「それが殺生によって得られるから」という理由に加え、「そこに無数の微生物がいるから」という理由である。

他の食材に関しても、例えば、葉の物や、湿った食べもの、発酵食品、腐敗した食べものなどが、同じく「そこに無数の微生物がいるから」という理由によって規制されている。また、「無数の身体（アナンタ・カーヤ）」と呼ばれるカテゴリーに属する植物も規制の対象となっているが、これには玉葱などの球根や大根などの根菜類、イモ類などの地下茎などの植物が含まれている。これらに共通する特徴もやはり、「そこから新たな生命が生じるから」ということであろう。同様の観点から、「多くの種を持つもの（バフ・ビージャ）」も禁じられている。これには、ザクロやナス、トマトなどが該当する。ちなみに、イモ類や根菜類などの根のものを避ける傾向にあることは比較的よく知られており、ジャイナ教徒自身もこれがヒンドゥー教における菜食主義との違いであると認識している場合が多いようである。ジャイナ教徒が根のものを避ける理由は上記以外にもいくつか語られるが、その一つで「収穫する際に地中の生物を害してしまうから」というものもよく聞かれる。これは、無意味に殺生を害することを避けるという誓戒によるものであろう［堀田 二〇一一：一八九、渡辺 一九九三：九四―九五］。

出家修行者の場合と同様に、日没後に食事をすることは勧められない。これが不殺生の実践に起因することは前に述べたとおりである。また、一定期間経過した食べものも、「そこから微細な生物が発生しつつある」から、食してはならないとされ、したがって、家庭での作り置きは推奨されない。これに関連して、筆者の体験から一つ特徴的なジャイナ教の食事の作法を挙げてみよう。初めて目にした時は非常に驚いたものであるが、ターリー（プレート）で食を済ませた後に、そこにコップの水を注いで細かい食べ残しを綺麗に水で洗った後、その水を飲み干してしまう、というものである。コート［Cort 2001: 131-132］によると、この一見ぎょっとするような作法にも理由があって、食べものの残りかすが食器に付着したまま洗い場に放置されると、一定の時間が経過した後には数々の小さな生物がそこに集まり、それを洗い流すことによって無駄にそれらを害してしまうことを避けるため、つまり、これもまた「そこから生物が発生する可能性」を極力排除しようとするためであるという。このように、在家信者の生活においても、あらゆる場面で、いかにして「そこに生物が発生する可能性」を排除するか、即ち、いかにして不殺生主義を徹底するかについて一貫して考え抜かれているかがわかる。

2　食べられるべきではないものリスト

これらの避けられるべき食べものや行為は、在家信者の行動規範を記したテキストにおいて、「食べられるべきではないもの」としてリスト化されている。これまで見てきたように、同じ禁止事項が複数の枠組みの中に何度も登場することがある。このリストは、様々な枠組みによって重層的に規定されている禁止食をひとつのリストに整理しなおしたものと考えることもできるだろう。

ウィリアムス［Williams 1963: 111］によると、リストの存在は一一世紀にはすでに知られており、その頃は二二品目が数えられていたが、その後の時代によって品目の入れ替えがあり、数にも増減が認められる。大半は前の項で挙げたイチジク類や「無数の身体（アナンタ・カーヤ）」に属する食物、そして夜間に食される食物などであるが、中には、雪や氷、毒などといった到底食べ物として認められないような物も含まれていた。雪や氷は、普段口にする水のように、生命維持のためには必ず摂取しなければならないわけでもないが、それらを消費することによってそれらに潜んでいる微細な生命体を不必要に害する可能性があるからである。毒物は、摂取することによって自らの腹の中の無数の微細な生命体を害することになると考えられていたようである。土もまた、それが実際に食べられるかどうかはともかく、リストの中に含まれている。土は、無数の微細な生命体を含み、また、カエルのような五つの感覚器官を有する高次の生物を生み出す源であると考えられていた。また、土は、口にした者の腸に深刻なダメージを与える病の原因とも考えられていた。その他には、味がなく、中身のない空洞状の植物も食べるべきではないとされていた。これは、いくら食べても空腹を満たすことがなく、不必要にたくさんの生命体を害してしまうことになるからである。無論、正体不明の植物も避けるべきものとしてリストに加えられている。

写真13　グジャラートの文字で『リサーチ・オブ・ダイニングテーブル』と題された書籍の表紙。ジャイナ教徒の食の心得が現代的な視点から説かれている。

このようなリストは現在においても知られているが（写真13）、すべての項目を熟知して忠実に守っている者は少ないようである。

3　インドの中のジャイナ教

冒頭の「ジャイナ教はヒンドゥーか」の項では、ジャイナ教徒も「インド風の」食べ物を食べている様に見えるが、実はそうではないということを述べた。そこでの意図は、ジャイナ教の食文化は、ヒンドゥー教に代表されるような多数派と共通する特徴を持ちつつ、ジャイナ教だけに見られる特徴をも有しているということである。ここまででは、ジャイナ教の出家修行者と在家信者の両者について、それぞれ独特な食のスタイルがあることを明らかにしてきた。ジャイナ教だけにみられる特徴のみを語ってきたわけである。それゆえ、ジャイナ教の食のスタイルが他とは全く異なっているという印象をもたれたかもしれない。たしかに、宗教的理念とそれにもとづく姿勢はジャイナ教特有のものであることは間違いない。しかし、食生活は、それだけによって構成されるものではなく、宗教的な要素以外の要素も多分に含んでいる。以下ではその一例として食における浄・不浄の観念を挙げておきたい。

インドにおける浄・不浄の観念は、「カッチャー」と「パッカー」という枠組みによって語られることがあり、これが食にも適用される。「カッチャー」は、ヒンディー語の辞書によると、「①うれていない、熟していない、未熟の。②生の、煮たり焼いたりされていない。③生焼けの、生煮えの、半煮えの。④火を加えていない、焼成していない、日干しの。⑤未加工の、手の加えられていない、そのままの（以下略）」等の意味があり〔古賀・高橋二〇〇六：一八〇―一八二］、「不完全なもの」といった意味を指す言葉である。一方「パッカー」とは、「①（果物など）が熟した、熟れた。②（料理が）煮えた、調理された。③バターや油を用いて調理された（浄不浄の観念から不浄になることのない）（以下略）」等の意味を持つ語である［古賀・高橋　二〇〇六：七六八］。食に限定すれば、水で煮たしたものや生のものは「カッチャー」な食べ物であり、不浄な状態に変化しやすいとされ、一方、高温の油で調理されたものは「パッカー」と呼ばれて、浄性が高いとされている［山下・岡光　二〇一六：一三〇、小磯・小磯　二〇〇六：一九九］。公共の場や宴会では、「パッカー」なものが好まれる。この「カッチャー」と「パッカー」による浄・不浄観は、全く同じ構図でジャイナ教徒によっても認められていることがマヒアス［Mahias 1985: 263］によって報告されている。ジャイナ教の食卓においても、インド一般に見られる浄・不浄観が共有されているのである。

また同書では、食材や調理器具、調理方法についても詳しく述べられているが、いずれについてもヒンドゥー教のそれと共通するところが多い。ジャイナ教在家信者は、インド一般に見られる食文化の中にありながら、不殺生の実践を説く教義に規定された食材を調理し、食している。彼らの日常的な食は、一見したところは一般的な菜食のヒンドゥーの家庭のものとさほど変わらない。朝にはチャイを飲みながらスナックを口にする。昼にはチャパティや米と何品かの副菜。昼過ぎにはまたティータイムがあり、夕方はできれば日没前に食事を済ませる。品目も、よく注目するとジャガイモが入っていなかったり、根菜がなかったりするが、そうと知らなければ一般的なインド料理と見分けはつかない。

ジャイナ教の在家信者のすべてが、前項で見てきたような食に関する規定を熟知し、忠実に守っているかというと、そうではない。実際のところは、地域的、あるいは宗派による差異が存在することがワイリー［Wiley 2009: 77-78］やコート［Cort 2001: 131］によって指摘されている。例えば、青物や薬物を一か月のうちで縁起の良い日（これも派によって異なる）にはそれらを食さない者、雨期の間だけ避ける者たちなどがいる。また、コート［Cort 2001: 129］や長崎［二〇〇二：一二］の報告にあるように、個人の裁量によるところも大きいということである。食のスタイルが家庭内、つまり年長者や女性たちによってより厳格に保持されており、若年層や男性は、祭りや巡礼などの特定の期間、あるいは家庭内でのみ厳格な食生活を実践し、それ以外では、例えば玉葱やイモは食べる、というように可食の基準を弛緩する傾向にあるのは、インドにおける一般的な傾向と符合しているようである。しかし、各家庭によっても「どこまで食べるか」という基準は様々で、基本的にはヒンドゥー文化において一般的な料理をそれぞれの基準に従って自由にアレンジし、各家庭の生活スタイルに即した柔軟な食生活を享受しているということができるであろう。

八　まとめ

以上、「ジャイナ教とは何か」からはじめて、白衣派と空衣派の違い、出家修行者と在家信者の違いについて簡単に説明し、それぞれの生活一般と食生活に見られる特徴をかいつまんで述べた。ジャイナ教とは、徹底した不殺生の実践を重んじる集団であるということができる。出家修行者も在家信者も、不殺生の教えにもとづき行動することに違いはない。しかし、出家修行者の食生活では、托鉢を中心とした活動の中で「いかにして生きものを害することなく食を得るか」に重点が置かれている。これに対して、在家信者の食生活では、生き物のレベルによる分類を前提としつつ「何を食するべきか／べきでないか」に重点が置かれている。このような食に対する両者の視点には大きな違いがあるといえるだろう。

両者の関係性について改めて考察すると、在家信者によってある程度食の取捨選択がなされているからこそ、出家修行者は食に関する所作振る舞いに集中することが出来るのである。食べ物の施しは、単に出家修行者が生きるための食べ物を供するというだけではなく、不殺生の徹底という宗教的行為の点でも出家修行者の食生活をサポートする行為であると言えるだろう。また、食に代表されるあらゆる生活の場面で、在家信者が出家修行者の生活を支援する体制が厳密に規定されていることも見てとれた。これを教団が二五〇〇年以上も絶えることのなかった理由の一つとして挙げることが出来るであろう。

注

（1）二〇一一年の国勢調査（センサス）によると、ジャイナ教全体での識字率は九四・九パーセントと非常に高く、インド全体の平均である六五・二パーセントや、インドにおける宗教別の統計では二位のキリスト教の識字率八四・五パーセントに大きく水をあけている。女性のみの場合でも、ジャイナ教徒の識字率は九〇パーセントを超えており、インド全体の平均である五四パーセントに比べると際立って高いことがわかる。

（2）「ジャイナ教」という名称は、英語名 Jainism を和訳したものである。仏教 Buddhism が、仏陀 Buddha の教えを意味するのと同様である。Buddha → Buddhism の原則に従えば、ジャイナ教も、Jina → Jinism となり、和名も「ジナ教」となるはずであるが、現在では「ジャイナ教」(Jainism) と呼ぶのが一般的であり、本書でも「ジャイナ教」(Jainism) で統一している。

（3）ヴァラビーは現在のグジャラート州に属する土地で、ここでジャイナ教の聖典の結集が行われたということは、すでにこの頃にはジャイナ教の拠点がインドの西部に移動していたということがうかがわれる。

（4）白衣派、空衣派両派内には、部分的な誓戒を守ることを特別に許可された半僧半俗のような身分が存在している。例えば、白衣派の一派は、出家修行者の誓戒を授かりながらも、移動に制限をもうけず、海外などで学問に専念したり伝道につとめたりすることを許された身分が存在している。しかし本書では出家と在家という二項を明確に区別するためにここでは詳しく触れずに、出家と在家の区別に言及するに止めておく。

（5）注4において述べた半僧半俗の身分の中には、還俗可能なものも存在することが報告されている［堀田　二〇〇七：九四］。

（6）これら生命体（ジーヴァ）と非生命体（アジーヴァ）の二原理に、業の流入から解脱に至る五つのプロセス、つまり、業の流入→業による束縛→業の遮断→業の消滅→解脱という五つをあわせた合計七つのことがらが、「七つの真実」として説かれる。

（7）この「毛を手で引き抜く」行為は「ケーシャ・ルンチャナ」（ケーシャは「髪の毛」、ルンチャナは「引き抜くこと」を意味する）と呼ばれ、マハーヴィーラが出家時に「五つかみの髪を引き抜いた」というエピソードにもとづく行為である。また、出家した後も、髪をはさみで切ったり剃刀で剃ったりすることはなく、定期的にすべての髪を手で引き抜くことになる。男性出家修行者は髭も手で引き抜く。基本的には自らの手で行うが、場合によっては他の出家修行者の手を借りることもある。

（8）ヴィハーラという語は、とくに仏教の場合寺院を意味することもある。現在のビハール州の「ビハール」は、かつて仏教の僧院（ヴィハーラ）がその地に数多く存在していたことに由来するといわれている。

（9）二つ以上の感覚器官とそれらを有する生物を順に列挙すると、二つの感覚器官とは触覚と味覚であり、これらを有する生物としては巻き貝や足のない虫など、三つの感覚器官とは触覚と味覚と嗅覚であり、それらを有する生物は蟻など、四つの感覚器官とはそれらに視覚を加えたもので、それらをそなえた生物としては虻、蚊、蝿などが挙げられるという［堀田二〇一一：一八九］。五つの感覚器官とは、触覚・味覚・嗅覚・視覚・聴覚の五つをすべてそなえた生物で、天界の住者、人間、地獄の住者、四足動物などであるとされる。

（10）空衣派では托鉢の際に得た食を持って帰ることはせず、手の平で食を受け取り、その場で衆人環視のもと、それに小さな生物などが混入していないか指で仔細に確認しつつ立ったまま食べる。裸形であることも加えて、その光景はなかなかショッキングである。

（11）サッレーカナーと自殺の違いについて、堀田［二〇〇八：八八］では以下のように結論づけられている。「（1）将来的に実践することの決意表明として、早い段階で略式の誓戒を受けるのが通例となっている。また、実戦を開始するにあたっては師の許可が必要であり、この時点においても、本人の意思が確認される。（2）サッレーカナーの実践が認められる条件としては、災難、飢饉、老齢、不治の病などが挙げられており、すでに何らかの形で死期が迫っている。（3）宗教的な理由により自らの意思で死をコントロールする行為であり、死に至るまでの時間は、聖典の学習・瞑想・マントラの低唱などといった宗教的実践に充てられる。（4）欲望・憎悪・迷妄などによって自らを滅ぼそうとしているのではない。また、いわゆる自殺のように毒や武器を用いることもない。」

（12）ただし基本的には以下の八つの物を使って礼拝するとされている。浄化された水、白檀のペースト、花、香、灯明、生米、甘味、果物。

（13）殺生の大小の問題に関しては、害される生物の数が殺生の大小を決定するのではなく、それが属するランク（注9）によるところが大きいとされている。その理由として、高次の生物を害することは、低次の生物を害する際よりもより大きな激情を必要とするからである、と土橋［一九七九：三〇］は結論づけている。

参考文献

〈欧文文献〉

Cort, John
　2001　*Jains in the World—Religious Values and Ideology in India*, New York: Oxford University Press.

Deo, Shantaram Bhalchandra
　1956　*History of Jaina Monachism—From Inscriptions and Literature*, Deccan College Dissertation Series: 17, Poona: Deccan College Postgraduate and Research Institute.

Dundas, Paul
　2002　*The Jainas*, Second edition, London: Routledge.

Mahias, Marie-Claude
　1985　*Délivrance et Convivalité, Le système culinaire des Jaina*, Paris: Maison des sciences de l'homme Paris.

Wiley, Kristi L.
　2009　*The A to Z of Jainism*, Lanham: Scarecrow Press, Inc.

Williams, R.
　1963　*Jaina Yoga*, London: Oxford University Press.

〈和文文献〉

ヴィンテルニッツ、モーリッツ
　一九七六　『ジャイナ教文献』（インド文献史　第四巻）中野義照訳、和歌山：日本印度学会。

河﨑　豊
　二〇一六　「飢えと屍肉——何のための食事か」『印度民俗研究』一五号、大阪：印度民俗研究会、三—二〇頁。

小磯千尋・小磯　学
　二〇〇六　『インド』（世界の食文化８）東京：農山漁村文化協会。

古賀勝郎・高橋　明編
　二〇〇六　『ヒンディー語＝日本語辞典』東京：大修館書店。

谷川泰教

一九八八「原始ジャイナ教」『インド思想1』（岩波講座東洋思想5）東京：岩波書店、六二―八六頁。

土橋恭秀
一九七九「Himsā の大小について」『印度学仏教学研究』五四号、東京：日本印度学仏教学会、二七―三一頁。

長崎広子
二〇〇二「ジャイナ教徒の大家族とくらして」『通信』一〇四号、東京：東京外国語大学アジア・アフリカ言語文化研究所、一一―一八頁。

藤永　伸
一九九〇「ジャイナ教の生命観」『日本仏教学会年報』五五号、京都：日本仏教学会西部事務所、五七―六八頁。
二〇一四『ガンディーとジャイナ教　その思想交流』（RINDAS伝統思想シリーズ一八）京都：龍谷大学現代インド研究センター。

堀田和義
二〇〇七「砂漠の中心で不殺生を叫ぶ聖者たち――ラードゥヌーン見聞録」『仏教文化』四六号、東京：東京大学仏教青年会、八一―一一〇頁。
二〇〇八「死に至る断食――聖なる儀礼か自殺か？」『死生学研究』一〇号、東京：東京大学大学院人文社会学研究科、七六―九六頁。
二〇一六a「ジャイナ教はどうやって生まれたのか？――開祖マハーヴィーラの生涯」（ジャイナ教と仏教1）『春秋』五七六号、東京：春秋社、二〇―二三頁。
二〇一六b「ジャイナ教ではどのように生活するのか？――誓戒と行動規範」（ジャイナ教と仏教9）『春秋』五八四号、東京：春秋社、二八―三一頁。

山崎守一
一九九三「バラモンの対峙者としての沙門」『知の邂逅―仏教と科学：塚本啓祥教授還暦記念論文集』東京：佼成出版社、一八三―一九七頁。

山下博司・岡光信子
二〇一六『新版　インドを知る事典』東京：東京堂出版。

渡辺研二
一九九三「ジャイナ教の植物観」『印度学仏教学研究』八二号、東京：日本印度学仏教学会、九四―一〇〇頁。

あとがき

なぜジャイナ教なのか。これもまた、もっとも頻繁に尋ねられる質問のひとつである。他の質問と同様、これに一言で答えることは難しい。本邦のジャイナ教研究は、本書でも述べたように、基本的には文献学の範疇に属しており、インドの古典語を主に扱う「インド学」の一ジャンルとして数えられている。宗教や東洋思想にもともと興味のあった筆者が、インド哲学（通称「印哲」）の研究室の門を叩いたのがそもそものはじまりである。そこから長い（が遅々とした）道のりを経過して現在に至っている。きっかけはともかく、諸先生方や先輩方の導きや幸運の連続、そして何よりも家族の支援によって、今こうしてジャイナ教の研究を続けることができているのは紛れもない事実である。本書は、彼らや留学中にお世話になった方々に手にとってもらえるように、そしていくらか新たな視点を提供できるように、ということも目的に含まれている。

しかしながら、ジャイナ教の厳格な規律ばかりを強調しすぎてはないだろうか、またそれゆえに、ジャイナ教徒は我慢ばかりの抑圧された生活を送っているという印象を読者に植え付けてしまっていないだろうか、そんな心配ばかりが頭をよぎった。「厳しい戒律に日々耐え忍ぶジャイナ教徒」。そんなものは存在しない。興味を持った読者の方々は、ぜひとも実際にジャイナ教徒と交流を試みて欲しい。そして、いかに彼らが自由で溌剌とした精神を持っているかを体感して欲しい。これまで筆者が出会ってきたジャイナ教徒は、在家信者も出家修行者も皆活力に溢れ、精神的に豊かな生活を送っていた。もちろん、食についても我慢をするということはなく、実に多彩で滋味豊かな食生活を享受している。この小冊が、そのような彼らの食生活を知るきっかけになることを切に願っている。

興味を持って頂けた読者の助けとなるように、出来るだけ日本語で書かれた先行研究を優先的に使用して論じるように苦心した。平易な表現や、簡略化した構造でジャイナ教の全体像を伝えようとしたために、書き漏らした事柄や誤解を招くような表現は多いと自覚している。更に詳しく正しい説明は、それらの研究書や研究論文を参照して頂きたい。

最後に、留学の機会のみならずスカラシップ・フォーラムでの発表、そしてブックレットの執筆という貴重な機会を提供してくださった松下幸之助記念財団の皆さま、そして最後の最後まで辛抱強く応援して頂いた風響社石井雅社長には、厚く御礼申し上げたい。

著者紹介
上田真啓（うえだ まさひろ）
1980年生まれ。
京都大学大学院文学研究科（インド古典学）博士後期課程指導認定退学。
現在、京都大学文学部非常勤講師。
これまでの論文には「ジャイナ教の他学派批判―不殺生をめぐる議論について」（『印度学仏教学研究』第59巻第1号、日本印度学仏教学会、2010）“*Nikṣepa in Tattvārthādhigamasūtra*: A Method for the investigation of words”（『印度学仏教学研究』第60巻第3号、日本印度学仏教学会、2012）などがある。

ジャイナ教とは何か　菜食・托鉢・断食の生命観

2017年12月15日　印刷
2017年12月25日　発行

著　者　上田真啓

発行者　石井　雅
発行所　株式会社　風響社

東京都北区田端4-14-9（〒114-0014）
TEL 03（3828）9249　振替 00110-0-553554
印刷　モリモト印刷

ISBN987-4-89489-798-4　C0014